LES FILS DE L'HOMME

***

L'espoir au corps

Du même auteur

- Témoins de lumière - Des aventures ordinaires
- Recueil de l'Être
- Cœur de Framboise à la frantonienne

Suite romanesque : Le Livre Sacré

- Kumpiy - Le Livre Sacré - Tome 1 - L'œil et le cobra
- Kumpiy - Le Livre Sacré - Tome 2 - La Confrérie du Cobra
- Kumpiy - Le Livre Sacré - Tome 3 - Tara la guérisseuse

Collection « de l'œil à l'Être »

- « Kung Fu Panda 1» et la puissance du « croire »
- « Kung Fu Panda 2» - La voie de la paix intérieure
- « Equilibrium » – Une vie sans émotions
- « La Belle Verte » - Retrouver sa nature
- « Inception » - Rêve, sommeil et manipulation
- « La jeune fille de l'eau » - Notre vie a un sens
- « V pour vendetta » - Vi Veri Veniversum Vivus Vici

Dans la collection
« De l'œil à l'Être »

LES FILS DE L'HOMME

L'espoir au corps

YGREC

© 2016
Auteur : Ygrec
Production et édition: Books on Demand,
12/14 rond-point des Champs-Elysées, 75008 Paris, France.
Imprimé par Books on Demand GmbH,
Norderstedt, Allemagne. »

ISBN : 9782322030781
« Le Code de la propriété intellectuelle interdit les copies ou reproductions destinées à une utilisation collective. Toute représentation ou reproduction intégrale ou partielle faite par quelque procédé que ce soit, sans le consentement de l'auteur ou de ses ayants cause, est illicite et constitue une contrefaçon, aux termes des articles L.335-2 et suivants du Code de la propriété intellectuelle. »

Collection « de l'œil à l'Etre »

« Last one to die please turn out the light »

(Dans le film, tag visible du train que prend Théo
pour se rendre chez Jasper)

Extrait de l'album « Il n'y a plus rien » de Léo Ferré (1973)

*« Pour que le désespoir même se vende
il ne reste qu'à en trouver la formule.
Tout est prêt:
Les capitaux
La publicité
La clientèle
Qui donc inventera le désespoir ? »*

LA COLLECTION
« De l'œil à l'Être »

Lors de mes conversations avec mes lecteurs et mes élèves, lorsque je réponds à leurs questions, oralement ou par écrit, j'ai l'habitude d'illustrer mes propos d'exemples de la vie courante. Je leur propose aussi la lecture de livres. Je leur conseille de regarder certains films. Je leur recommande surtout de lire ou de voir autrement.

Ils sont nombreux ceux qui me demandent, ou qui m'ont demandé, de publier des analyses, sur ce que je présente comme des références, lors de cet apprentissage difficile qui est celui qui mène à soi-même !

La collection « De l'œil à l'Être » devrait répondre aux attentes de certains, et je l'espère, de beaucoup.

Aucun des ouvrages ne constitue une analyse complète, mais chacun peut devenir un outil de développement personnel. Il s'agit d'apprendre à voir autre chose, de chercher un sens différent à ce qui nous entoure. Rappelons-nous que rien n'est caché. Le plus souvent, c'est nous qui ne voyons rien.

Il est bien évident que ce que j'écris n'engage que moi, et non les auteurs, scénaristes, dessinateurs, producteurs, acteurs, etc. de ces œuvres, qui ont exprimé ce qu'ils souhaitaient exprimer, et nous sommes libres d'apprécier ou pas, de comprendre ou pas, et même, de comprendre différemment. Je n'essaie pas de faire dire ce qui n'a pas voulu être dit, mais je tente simplement de faire passer un ressenti, le mien.

Le texte n'énonce pas des vérités, il a valeur de proposition pour illustrer les nombreuses notions et concepts de la voie spirituelle.

Même si tout n'est pas dit, même si tout n'a pas été saisi, ces auteurs, scénaristes, dessinateurs, producteurs, acteurs, etc....ont su éveiller la curiosité et l'intérêt, et de cela, je les remercie. Ils doivent savoir que je m'efforce de me conformer à la loi en matière de droits d'auteur, et ne publie aucune photo, aucun texte en intégralité (je me permets toutefois certaines citations courtes), je n'organise aucune projection. Je continue, comme je l'ai toujours fait, de conseiller un livre, un film, etc, dont certaines parties sont, pour moi, de bons exemples à donner, complétant à merveille ceux de mon vécu personnel.
Si quelque chose m'avait échappé, compte tenu de la complexité législative, je leur serais reconnaissante de m'en prévenir et de m'en excuser.

Il ne sera pas inutile de préciser, à l'intention de mes lecteurs, que je n'ai de contrat avec aucun auteur, éditeur ou producteur, etc. J'écris ce que je pense, et cela, toujours dans le même but : aider les autres, et par voie de conséquence, m'aider moi-même.

Chacun des ouvrages de la collection « De l'œil à l'Être » traite d'une œuvre (film, pièce de théâtre, livres etc.). Les titres, les auteurs, les éditeurs, les distributions (lorsqu'il s'agit de cinéma), enfin tout ce qui est nécessaire à une identification exacte sans confusion possible, sont clairement énoncés. Tous les livres de la collection comportent une étude rapide des personnages et de certaines séquences. Ils abordent des sujets ayant un rapport direct avec l'œuvre mais aussi d'autres, dont la suggestion m'a paru intéressante. Nous chercherons ainsi à saisir les situations présentées, à trouver les effets et les causes, pour en tirer un enseignement, pour essayer de nous comprendre et de comprendre les autres. Les sujets généraux seront, à dessein, partiellement traités, et selon l'optique de l'œuvre. Ils trouveront leurs compléments dans un ou d'autres livres. Il est inutile d'aller trop vite.

D'un ouvrage à l'autre, nous retrouverons parfois, à l'identique, les introductions à certains paragraphes. C'est qu'il s'agira d'appréhender le sujet avec les mêmes techniques. D'autres fois, tout sera différent.

La collection « De l'œil à l'Être » existe, non pour imposer un point de vue, encore moins pour extraire des messages que l'auteur a souhaité transmettre (lui seul peut en parler) mais pour proposer des pistes de réflexion, libre à chacun de voir autre chose ou de ne rien voir du tout.

Amis lecteurs ouvrons grands les yeux de l'intérieur et prenons les chemins de l'Être.

INTRODUCTION

Cet ouvrage est consacré au film « Les fils de l'homme », sorti en 2006 et réalisé par Alfonso Cuarón. L'œuvre est une adaptation du roman de science-fiction dystopique de P. D. James, paru en 1992, portant, dans sa traduction française, le même titre. Le livre et le film sont très différents. C'est le film que nous traiterons.

Un film de science-fiction sans voitures ou armes futuristes élaborées, un héros aux apparences les plus ordinaires, fragile et maladroit, qui fuit pieds nus ou en tongs, sans rouler des mécaniques, un film sans héroïne au décolleté pigeonnant échappant aux bombes sans même descendre de ses talons aiguilles et le brushing indemne, une intrigue se déroulant dans un univers glauque où transpire, en apparence seulement, le désespoir, voilà qui n'est pas très commercial ! Sorti trop tôt peut-être, le film trouvera, petit à petit, son public.

Si vous ne l'avez pas encore vu, chers lecteurs, je vous engage à voir et revoir cette œuvre étonnante. Elle insuffle beaucoup de questionnements profonds, nous pousse, si nous le voulons bien, à une réflexion féconde.

Ne vous contentez pas de laisser filer les images et les scènes. Le plus intéressant est dessous. Les symboles sont présents partout. Les acteurs, au talent reconnu certes, y dévoilent un jeu époustouflant de vérité. Quant à l'intrigue haletante, elle est, à certains moments, filmée caméra à l'épaule comme un reportage de guerre, nous faisant passer de l'extérieur à l'intérieur, nous plongeant dans l'action comme si la réalité avait remplacé la fiction.

Demain devient alors aujourd'hui. Immersion garantie !

Vous vous demandez, sans doute, pourquoi j'ai choisi ce film.

En 1992 ou en 2006, l'univers décrit dans le livre ou le film paraissait peut-être improbable à certains.

Il n'est pas nécessaire aujourd'hui d'être un fin observateur, pour déceler les signes d'un avenir lugubre si l'humanité ne change pas son attitude destructrice.

Si, en 2006, le film faisait froid dans le dos, assez d'informations sont maintenant sorties de l'ombre, pour nous faire frémir davantage, et pour que chacun de nous comprenne que la réalité pourrait bien dépasser la fiction.

Certains diront que je suis pessimiste. Arrêtons d'être optimistes ou pessimistes. Soyons réalistes.

Notre société, chers lecteurs, est arrivée au point délicat où il est encore à sa portée, non pas de revenir en arrière, mais de prendre une autre voie. Quelques pas encore, tête baissée, le regard rivé sur notre nombril, et il sera peut-être trop tard.

Tant que le fil de la vie n'est pas coupé, le sentiment que tout peut arriver demeure au plus profond de nous. La graine de l'espoir, même minuscule, ne demande qu'à germer. Elle peut devenir le plus fabuleux des moteurs de l'humanité. Mais le mot « espoir » peut recéler de multiples facettes.

Comme d'habitude, après la fiche technique nous passerons à l'étude proprement dite. Nous ne pourrons tout aborder tant il y aurait à dire.

Pour <u>profiter pleinement</u> de ce livre, il est évidemment indispensable d'avoir vu le film au préalable. Si ce n'est pas le cas, il n'y a plus qu'à le refermer. Non seulement il est utile de connaître l'histoire du début à la fin avant de continuer, mais la lecture prématurée de cet ouvrage vous ferait peut-être oublier le spectacle. Car n'oublions pas qu'il s'agit d'abord d'un spectacle à apprécier pleinement en tant que tel.

Cependant, et pour tous ceux qui ne pensent pas pouvoir regarder ce film dans l'immédiat, je les invite à lire les chapitres « Comprendre » et « À l'écoute des autres » pour lesquels ils ne devraient pas se sentir perdus.

Il serait intéressant de revoir le film une deuxième fois en notant ce qui paraît remarquable, en essayant de cerner les personnages et repérer les séquences à étudier. Mais, pour cette deuxième projection, chacun fera comme il l'entend, comme il le sent.

L'important est de se sentir à l'aise en pratiquant ces exercices qui ne doivent pas devenir une torture pour l'esprit, mais un jeu.

SYNOPSIS ET FICHE TECHNIQUE

Synopsis :

2027. Le monde est en proie au chaos. Les pandémies, les guerres, le terrorisme, les dérèglements climatiques le ravagent. Seul le Royaume Uni tient encore debout, mais il est assailli quotidiennement par le flot de réfugiés qu'il traite brutalement.

L'humanité est devenue stérile. Plus un enfant ne naît, et l'assassinat du plus jeune humain de la terre met en émoi la population.

Théo, un ancien activiste devenu bureaucrate, indifférent à l'événement, tente de retrouver un peu de paix auprès d'un ami et de son épouse handicapée. À son retour, il est kidnappé par un groupe dissident, les « poissons », dirigé par son ex-épouse, qui lui confie la mission de trouver des papiers pour une réfugiée. Il finit par accepter sans savoir que la jeune femme est enceinte, et qu'il l'escortera jusqu'au bout pour lui donner la liberté.

Fiche technique :

- Titre français : *Les Fils de l'homme*
- Titre original : *Children of Men*

- Réalisation : Alfonso Cuarón
- Scénario : Alfonso Cuarón, Timothy J. Sexton, David Arata, Mark Fergus et Hawk Ostby d'après le roman *Les Fils de l'homme* de P.D. James
- Direction artistique : Ray Chan, Paul Inglis et Mike Stallion
- Costumes : Jany Temime
- Maquillages : Graham Johnston
- Photographie : Emmanuel Lubezki
- Effets spéciaux : Frazer Churchill et Matthew G. Armstrong
- Son : Richard Beggs
- Montage : Alfonso Cuarón et Alex Rodríguez
- Musique : John Tavener
- Production : Marc Abraham, Eric Newman, Hilary Shor, Iain Smith et Tony Smith
- Sociétés de production : Universal Pictures, Strike Entertainment, Hit & Run Productions, Ingenious Film Partners et Toho-Towa ; Armyan Bernstein et Thomas A. Bliss (délégués) ; Kristel Laiblin (associé) ;
- Genre : science-fiction
- Durée : 109 minutes
- Format : Couleur - 35mm - 1,85:1 - Dolby Digital DTS
- Dates de sortie France : 18 octobre 2006

Distribution :

- Clive Owen : Théo Faron
- Julianne Moore : Julian Taylor

- Michael Caine : Jasper Palmer
- Claire-Hope Ashitey : Kee
- Chiwetel Ejiofor : Luke
- Charlie Hunnam : Patric
- Peter Mullan : Syd
- Pam Ferris : Miriam
- Danny Huston : Nigel
- Oana Pellea : Marichka
- Philippa Urquhart : Janice
- Paul Sharma : Ian
- Jacek Koman : Tomasz
- Maria McErlane : Shirley
- Michael Haughey : Monsieur Griffiths
- Michael Klesic : Rado
- Ed Westwick : Alex
- Juan Gabriel Yacuzzi : Diego Ricardo
- Tehmina Sunny : Zara
- Martina Messing : Birgit
- Gary Hoptrough : Simon
- Maurice Lee : Samir
- Denise Mack : Emily
- Faruk Pruti : Sirdjan
- Dhafer El Abidine : Zaphyr

Box-office France : 324 877 entrées

Sortie DVD : septembre 2007

Récompenses

- BAFTA 2007 :
    - BAFTA de la meilleure photographie (Emmanuel Lubezki)
    - BAFTA de la meilleure direction artistique (Geoffrey Kirkland, Jim Clay et Jennifer Williams

- Festival de Venise 2006 :
- Osella d'or de la meilleure contribution technique (Emmanuel Lubezki)
- Prix de la Lanterne Magique (Alfonso Cuarón)

Prix de la critique

- Los Angeles Film Critics Association 2006 : Prix de la de la meilleure photographie (Emmanuel Lubezki)
- Chicago Film Critics Association 2006 : Prix de la meilleure photographie (Emmanuel Lubezki)
- National Society of Film Critics 2007 : Prix de la meilleure photographie (Emmanuel Lubezki)
- Vancouver Film Critics Circle 2007 : Prix du meilleur film et du meilleur réalisateur (Alfonso Cuarón)
- Austin Film Critics Association 2007 : Prix du meilleur réalisateur (Alfonso Cuarón) et du meilleur scénario adapté (Alfonso Cuarón)
- Online Film Critics Society 2007 :

- Prix du meilleur scénario adapté (Alfonso Cuarón, Timothy J. Sexton, David Arata, Mark Fergus et Hawk Ostby)
- Prix de la meilleure photographie (Emmanuel Lubezki)

Prix d'associations de professionnels du cinéma
- American Society of Cinematographers 2007 : Prix pour Emmanuel Lubezki

Nominations

- Oscars du cinéma 2007 :
  - Oscar du meilleur scénario adapté (Alfonso Cuarón, Timothy J. Sexton, David Arata, Mark Fergus et Hawk Ostby)
  - Oscar de la meilleure photographie (Emmanuel Lubezki)
  - Oscar du meilleur montage (Alfonso Cuarón et Alex Rodríguez)

- BAFTA 2007 : Meilleurs effets spéciaux (Frazer Churchill, Timothy Webber, Mike Eames et Paul Corbould)

- Saturn Awards 2007 :
  - Saturn Award du meilleur film de science-fiction
  - Saturn Award de la meilleure réalisation (Alfonso Cuarón)

- Saturn Award du meilleur acteur (C. Owen)

- Online Film Critics Society : Meilleur film, meilleur réalisateur pour Alfonso Cuarón et meilleur montage pour Alfonso Cuarón et Alex Rodríguez en 2007

Prix d'associations de professionnels du cinéma

- Visual Effects Society :
  - Prix des meilleurs effets visuels de l'année 2007 (Timothy Webber, Lucy Killick, Andy Kind et Craig Bardsley pour la séquence de la naissance).
  - Prix de meilleurs effets visuels secondaires pour un film 2007 (Lucy Killick, Frazer Churchill, Timothy Webber et Paul Corboul)

- Art Directors Guild : Prix d'excellence de la production pour un film fantastique 2007 (Jim Clay, Geoffrey Kirkland, Gary Freeman, Malcolm Middleton, Ray Chan, Paul Inglis, Mike Stallion, James Foster, Peter James et Stephen Forrest-Smith)
- Motion Picture Sound Editors :
  - Prix *Golden Reel* du meilleur montage son de la musique pour un film 2007 (Michael Price)
  - Prix *Golden Reel* du meilleur montage son et effets sonores pour un film étranger 2007 (David Evans, Richard Beggs, Bjorn Ole Schroeder, Sam Southwick, Tony Currie, Iain Eyre, Nick Lowe, Harry Barnes, Stuart Morton et Peter Burgis)

ENVIRONNEMENT

2027. Le monde est dévasté. Aucun pays n'échappe aux guerres, au terrorisme, aux catastrophes climatiques ou environnementales, aux épidémies. Seul, le Royaume Uni résiste encore.

Continuellement envahi par les flots de réfugiés, victime d'attaques de groupuscules armés, le pays est devenu un état policier sans états d'âme.

Parqués, humiliés, les immigrés sont mis en cage et déportés dans les pires conditions. Les images nous rappellent avec effroi celles d'un passé atroce.

Dans cet univers glauque, les plaintes des prisonniers, l'aboiement des chiens, les ordres hurlés des agents des forces de l'ordre, les chants et incantations des petites assemblées manifestant et psalmodiant des prières de repentance, continuent de nous plonger dans une atmosphère de chaos.

Ici, comme ailleurs dans le monde, il n'y a pas d'enfants, les humains sont devenus stériles. Depuis 18 ans, pas une grossesse n'a été déclarée.

Les articles de journaux, les actualités télévisées, les inscriptions sur les murs, la publicité omniprésente pour le kit de suicide, nous permettent d'établir cet état des lieux terrifiant. Mais rien n'est dit clairement pour nous permettre d'entrer peu à peu dans le décor de cette société dépressive.

L'année 2027 peut nous paraître lointaine, mais le réalisateur rend ce monde proche. L'habillement, les véhicules, les armes sont celles que nous voyons aujourd'hui ou ressemblent aux nôtres. C'est un présent fardé en somme.

Les scènes filmées comme des reportages, comme prises sur le vif, finissent de nous immerger dans cette autre réalité, comme si tout cela se passait près de nous, là, maintenant.

C'est étonnant et effrayant à la fois.

LES PERSONNAGES

Premier aperçu

Tous les personnages, ou presque, sont éloignés d'eux-mêmes. Certains vivent dans une attente désespérée en s'adaptant le mieux possible au système. D'autres se battent pour préserver un peu d'humanité, mais derrière l'ambition louable se cache parfois le goût du pouvoir.

La naissance annoncée va réveiller l'espérance, mais chacun la recevra à sa façon. Car tout est une question de perception. Selon leur degré d'évolution, les uns ne poursuivront qu'un but personnel, les autres en feront un enjeu humanitaire.

Toutes les personnes qui ont aidé Kee de façon désintéressée meurent les unes après les autres. Et tandis que le camp de Bexhill est bombardé, elle se retrouve seule avec sa fille, dans une barque. Face à elle, Théo s'est écroulé, sa mission accomplie.

Les personnages

- <u>Théo Faron</u> ex-époux de Julian Taylor (leader des « poissons »), est un ancien activiste politique devenu employé de bureau. Ce n'est pas un héros comme on a l'habitude d'en voir ! Il est fragile, maladroit, cynique aussi parfois. Mais ce qui transpire dans son attitude, c'est cette parfaite indifférence, au moins en apparence.

Il semble qu'il ne lui soit plus possible d'éprouver quoi que ce soit. Nous apprenons un peu plus tard dans le film, qu'en perdant son fils, il a perdu tout espoir. L'infertilité humaine ne fait que l'achever. C'est en voyant ce ventre arrondi porteur de vie que tout va changer pour lui, mais il hésite à s'engager. Il comprend vite que, si cette femme et son enfant représentent l'avenir de l'humanité, ils peuvent devenir des outils de propagande politique. Il les escorte alors vers cette organisation, « Renouveau Planétaire », dont il n'est même pas sûr de l'existence, en suivant les instructions de Julian, assassinée depuis, et à laquelle il fait confiance. L'espoir s'est réveillé en lui, et son parcours chaotique, le dernier, va l'aider à se retrouver lui-même. Nous découvrons alors un être sensible, dont l'attitude héroïque s'affirme petit à petit, mais qui garde jusqu'au bout sa simplicité et son humilité.

- <u>Julian Taylor</u> (ex-épouse de Théo Faron) est un des leaders des « Poissons » (mouvement rebelle revendiquant les droits et la protection des réfugiés). Elle aussi souffre de la mort de son fils, mais elle est dans l'action. Son histoire personnelle ne la bloque pas. Elle continue dans la voie de la lutte pour l'humanité. Le respect de la dignité humaine est son combat, et il ne l'exempte pas de réalisme. Elle connaît l'âme humaine et ses faiblesses. Elle ne fait confiance qu'à Théo, qui a sombré dans le fatalisme, mais dont la capacité à s'engager peut se réveiller. Elle a su se trouver elle-même. Elle porte un masque pour vivre son combat.

- **Jasper Palmer** est un ancien cartooniste politique devenu cultivateur de cannabis, ami de Théo Faron, et marié à Janice. Caché dans son coin de forêt, il essaie sans doute de se faire oublier. C'est aussi un moyen de rester lui-même. C'est peut-être plus facile en se mettant à l'écart du désespoir ambiant. Car le désespoir est contagieux, mais l'espoir encore plus. C'est ainsi que la gaîté factice qu'il affiche au début devient un vrai enthousiasme en découvrant la grossesse de Kee. En choisissant de ne pas suivre Théo, il choisit la mort. Mais il ne s'agit pas ici d'un suicide par désespoir.

- **Janice** est la femme de Jasper Palmer. Ancienne photographe de guerre, elle est devenue catatonique suite aux tortures du gouvernement. Son regard n'est pas plongé dans le néant, il est fixé sur le passé, un passé de combat où tout était encore possible. C'est le personnage qui donne l'image de ce que sont les autres, de ce qu'est le monde. Janice est vivante, mais elle est brisée. Elle a pris refuge à l'intérieur d'elle-même. Les autres, le monde, vivent comme prisonniers d'un cauchemar, mais tout en eux sommeille. Ils sont aveugles et sourds, à moins qu'ils ne veuillent l'être.

- **Kee** est une immigrée. C'est la première femme enceinte depuis dix-huit ans. C'est peut-être la seule, avec Miriam, à être vraiment elle-même. Elle reconnaît avoir été tentée par le suicide, mais l'enfant, en elle, se manifestant, elle a choisi la vie. Elle sera jusqu'au bout fidèle à Julian qui lui a recommandé de ne faire confiance qu'à

Théo. Bien qu'elle doute de lui au début, elle le suivra dès qu'il aura pris la décision de s'engager.

- Luke est un membre des « Poissons ». Il trahit Julian, et va jusqu'à la faire assassiner. Son objectif est de se servir de la grossesse de Kee pour les besoins de l'organisation. La seule femme enceinte depuis 18 ans est une réfugiée, et cela justifie son combat pour la protection des immigrés. Mais n'y a-t-il pas une histoire de pouvoir dans cette exécution ?

- Patric est un membre des « Poissons » et l'homme de main de Luke. Il hait Théo, il veut se venger de lui. Lors de l'attaque de la voiture dans laquelle Julian perdra la vie, c'est Théo qui fera chuter mortellement le cousin de Patric de sa moto. Patric est violent et sans états d'âme. Uniquement centré sur lui-même, il n'hésite pas à tuer de sang-froid, sans penser un instant, qu'il est à l'origine des mêmes douleurs chez les autres. Il aime tuer, c'est son pouvoir.

- Syd est un policier corrompu. Il vend le cannabis de Jasper Palmer dans les camps de réfugiés. Il tire profit de toutes les situations, surtout les plus désespérées. Aucun scrupule ne l'effleure, et le salut de l'humanité lui est indifférent. Il parle de lui-même à la troisième personne comme s'il s'agissait de quelqu'un d'autre. C'est comme un déni de ce qu'il est devenu.

- Miriam était sage-femme et elle est un témoin de la fin de la fertilité. Elle est devenue l'amie de Kee. Elle n'hésitera pas à se sacrifier pour elle, pour l'enfant et pour tout ce qu'ils représentent. Elle prie et se livre à des rituels, mélangeant toutes les religions. La peur ne l'éloigne jamais de sa voie.

- Nigel est le cousin de Théo Faron. Il est ministre. Théo profitera de sa position pour obtenir des papiers pour Kee. Nigel essaie de préserver les œuvres d'art sans penser au lendemain.

- Marichka est Tzigane. Elle vit dans le camp de réfugiés de Bexhill. Elle est l'intermédiaire entre Syd et Théo. Elle rend service à Syd pour gagner sa vie peut-être, à moins que ce ne soit pour éviter de la perdre. À la vue de l'enfant, elle fera vite le choix d'aider Théo. Elle ira jusqu'au bout au risque de trouver la mort.

LES SCÈNES

Les premières minutes, et pendant le générique de début, le spectateur entend les actualités du jour. Le fait présenté comme le plus important est la mort de la plus jeune personne du monde. Cette nouvelle est précédée par des annonces permettant de situer le film dans son environnement particulier : état de siège à Seattle, occupation militaire des mosquées, fermeture des frontières, déportation des réfugiés.

La première image est celle d'une assemblée écoutant ces actualités dans un café. Les visages sont graves. La mort du jeune homme bouleverse la population.

Première apparition de Théo (1 mn). Théo se faufile et arrive difficilement au comptoir du coffee shop. On lit la tristesse sur les visages levés vers le poste de télévision. Seul Théo semble indifférent. Les moments de la vie de « bébé Diego » défilent sur les écrans, et on comprend la pression qu'il a subi toute sa vie pour assumer son titre de plus jeune personne de l'humanité. On entend des pleurs. En prêtant attention à la scène, on remarque que les larmes sont déclenchées à l'apparition des vidéos de la petite enfance de « bébé Diego ». Nous suivons la sortie de Théo.

Sortie de Théo (1 mn 45). C'est comme si nous sortions avec lui et que nous le suivions. Et c'est en même temps comme si nous entrions dans la ville. Une ville grise, polluée et bruyante. Partout, les images de la vie du cadet de l'humanité passent en boucle.

Théo s'arrête (2 mn) et met de l'alcool dans son café. Une bombe explose dans l'établissement qu'il vient de quitter. La caméra se rapproche du lieu de l'explosion. Images terribles.

Ici apparaît le titre du film sur fond sonore de sifflement.

Théo entre sur son lieu de travail (2 mn 29) accompagné du sifflement. Il passe au milieu de ses collègues qui regardent tous l'actualité. C'est la consternation générale et les larmes. Il demande à rentrer chez lui en invoquant le malaise provoqué par la disparition du jeune homme. Mais Théo semble plus accablé par le spectacle des pleurs. Il aurait pu trouver un autre prétexte, la bombe par exemple, mais il utilise celui qui sera le plus crédible puisque c'est le sujet qui occupe la presse, donc la population.

Images d'actualités (3 mn 37). Les noms des capitales de tous les pays défilent. À l'arrière, des images de désolation, de guerres, d'explosions nucléaires, d'accidents environnementaux, les maladies, la pollution mortelle. Seul le Royaume Uni tient bon.

Nous sommes dans un train aux fenêtres grillagées (3 mn 54). Théo y est assis, triste, le regard las, des paroles de propagande en fond sonore. Il faut dénoncer les immigrés. On entend d'abord des voix différentes qui accusent, puis le fait de protéger les réfugiés est présenté comme un délit. Mais la voix est couverte par les bruits de projectiles jetés contre le train. La propagande devient inaudible. Quand le train est passé, on entend la fin de la phrase : « À vous de choisir ». Sur un des bâtiments devant lesquels le train passe, on peut lire une phrase : « avoiding fertility tests is a crime », « se soustraire aux tests de fertilité est un crime ». À côté, des mots sont tagués : « Last one to die please turn out the light », que l'on pourrait traduire par « le dernier qui meurt est prié d'éteindre la lumière ».

Théo descend du train (4 mn 29). Sur le quai, des réfugiés de tous âges, de toutes les nationalités, sont enfermés dans des cages. Théo ignore leurs appels. Et même s'il avait voulu entendre, la présence des soldats en armes aurait empêché toute initiative.

Jasper attend Théo (4 mn 50) et le ramène chez lui : une maison dans les bois. La campagne est encore belle, mais au milieu des champs brûlent des cadavres d'animaux. On peut supposer qu'une grave épidémie sévit.
Théo a raconté l'explosion du café qu'il venait de quitter. Il explique que n'importe qui aurait pu poser la bombe. Mais Jasper suppose la responsabilité du gouvernement, suggérant la pérennité de ce dernier après des actes semant la terreur (Aujourd'hui, Jasper serait accusé de soutenir la théorie du complot !). Il insiste aussi sur la symbolique de la mort de « bébé Diego ». Un fourgon passe, plein de réfugiés.

Jasper habite en pleine forêt (6mn). Théo avoue son attitude dépressive, mais ne pourrait pas habiter avec Jasper. Sa phrase : « Dans ce cas, je n'aurais plus rien à espérer » peut faire croire que tout n'est pas perdu pour lui.

La maison de Jasper (7 mn) Nous découvrons Janice, la femme de Jasper. Nous devinons la vie passée du couple grâce aux photos et articles de journaux exposés. Lui, cartooniste politique, elle, photographe. Torturée par le gouvernement, Janice est devenue catatonique. Elle a le regard fixé sur une photo. Il s'agit de Théo, de Julian, et de leur enfant.

Théo évoque le kit de suicide, « Quietus », qui permettrait de mourir sans souffrance (7 mn 44). La réflexion de Jasper est intéressante. Les moyens de se suicider sont facilement distribués, les rations alimentaires contiennent des antidépresseurs, mais la Ganja est illégale. Jasper vend la drogue dans le camp de réfugiés de Bexhill, par l'intermédiaire de Syd, un policier corrompu.

Jasper raconte une blague à Théo (8 mn48). L'histoire se passe lors d'une réunion de « Renouveau planétaire ». On apprend ici l'infertilité humaine, mais aussi l'existence, au moins supposée, de l'organisation « Renouveau planétaire » qui mènerait des recherches sur la stérilité dans des installations secrètes. Théo n'y croit pas. En admettant même sa réalité, il doute de sa capacité à retourner la situation. Il pense que le monde était déjà mort avant même l'infertilité.

Retour à Londres (10 mn 42). Théo se réveille dans son appartement sur fond de publicité pour « Quietus ». Il va travailler. Dans les rues, les agents d'entretien s'efforcent d'effacer les tags sur les murs. Les hauts parleurs débitent des ordres et séparent les citoyens britanniques et les immigrés. Théo passe devant des pelotons de policiers armés et accompagnés de chiens. Les réfugiés sont malmenés et enfermés dans des cages. Les Britanniques pleurent toujours la mort de « bébé Diego ».

Théo est enlevé par les « poissons » (11 mn 50). Il est enfermé dans une petite pièce tapissée de journaux. Il retrouve là son ex-femme qui va lui demander d'utiliser ses relations (son cousin est ministre), pour obtenir un laissez-passer pour une réfugiée. Il recevra une somme d'argent en échange. Il refuse. Nous devinons ici le passé politique de Théo.

Théo se rend chez son cousin ministre (16 mn04). Il a changé d'avis. Dans la voiture du ministre, il traverse la ville grise, il croise sa population miséreuse mais active, et les groupes demandant la repentance des péchés ayant provoqué la colère divine. Les barrières du ministère s'ouvrent sur un monde totalement différent, un monde paisible, où des animaux vivent en liberté, où on joue de la musique, où les gens se promènent.

Théo retrouve son cousin dans l'arche des arts (17 mn 24). Nigel préserve les œuvres d'art, et Théo découvre le David de Michel Ange. L'épouse de Nigel s'occupe de la préservation des animaux. Ils déjeunent auprès d'une toile de Picasso, Guernica. Nigel s'engage à faire son possible pour obtenir les papiers demandés. Un passage intéressant montre ici l'étonnement de

Théo devant la persévérance de Nigel à collectionner les œuvres d'art, alors que plus aucun enfant ne nait et que le monde est condamné à disparaître. « Il suffit de ne pas y penser », voilà la réponse de Nigel. Un ballon en forme de cochon vole dans le ciel. L'image rappelle la pochette de l'album de Pink Floyd : « Animals », et donc « La ferme des animaux » d'Orwell.

Théo reçoit les informations concernant la réfugiée (20 mn 17). On le voit ensuite parier lors de courses de chiens.

Théo rejoint Julian dans un bus (22 mn 15). Ils finissent par se disputer lorsque le deuil du fils revient à la surface et que Théo exprime la perception qu'il a de la rémission de Julian.

Théo et Julian rejoignent Luke, Miriam et Kee (23 mn15). Théo espère renouer avec Julian. Il sait qu'elle aurait pu obtenir les papiers d'une autre manière. Mais Julian lui dit qu'elle lui fait seulement confiance. Ils prennent la route.

Le guet-apens (26 mn34). Un véhicule en flamme arrête la voiture. Un groupe d'inconnus les attaque. Deux individus sur une moto se rapprochent, l'un est armé et tire. Julian est touchée et meurt. Théo renverse les motards en ouvrant violemment la portière. Dans leur fuite, ils croisent la police qui revient en arrière pour les pourchasser. Luke stoppe la voiture et tue les policiers. Théo s'interroge car le meurtre n'était pas nécessaire.

Le corps de Julian est laissé en forêt (29 mn 13). Théo s'éloigne et pleure. Théo, Miriam, Kee et Luke rejoignent une ferme appartenant à des partisans. Le groupe des « poissons » doit élire un nouveau chef. Théo est sous surveillance. Luke est élu.

Miriam vient chercher Théo (33 mn 19). Théo retrouve Kee dans l'étable. Elle lui parle des mutilations faites aux vaches. Elle lui demande aussi de l'emmener vers le bateau de « Renouveau planétaire », elle a peur. Théo restant sourd à ses arguments, elle lui dévoile sa grossesse. Elle suit les instructions de Julian qui lui a demandé de ne faire confiance qu'à Théo dans son projet de rejoindre le bateau de « Renouveau Planétaire », le « Tomorrow ».

Le groupe des « poissons » se réunit pour décider du sort de Kee (35 mn 57). Après discussions, et comprenant que Théo s'obstine à vouloir rendre l'affaire publique, Kee décide d'accoucher à la ferme. Son regard déçu plonge dans celui de Théo.

Théo ne dort pas. Il **entend une moto** entrer dans la ferme. (38mn47). Il s'agit des deux agresseurs à l'origine de la mort de Julian. Il se cache pour écouter la conversation et comprend que le meurtre a été commandité par Luke. Il sait maintenant aussi que son exécution est programmée pour le lendemain.

Théo réveille Miriam et Kee (40 mn 56). La fuite est difficile. La voiture doit être poussée pour démarrer, le terrain est boueux et Théo est pieds nus. Ils se rendent chez Jasper pour se mettre à l'abri.

Théo, Miriam et Kee arrivent chez Jasper (46 mn 16). Jasper et Théo sont mis au courant des détails de l'affaire. Ils doivent atteindre le bateau au plus tard le lendemain au large du camp de réfugiés de Bexhill. Jasper croit avoir la solution.

La conversation de Théo avec Kee (48 mn 15). Écoutons-la attentivement. Kee explique comment elle aussi était désespérée, mais l'enfant en elle la raccroche à la vie. Elle est joyeuse. Elle se pose aussi des questions sur Miriam. Une snob ou une niaise ? La réponse de Théo est intéressante : elle est entière.

Retour de Jasper (50 mn 14). Jasper a trouvé une solution. Ils pourront entrer dans le camp de Bexhill par l'intermédiaire de Syd, le policier à qui Jasper vend de la drogue.

Théo cache la voiture (50 mn 44). Il regarde les grands arbres et le ciel. Il est moins indifférent à ce qui l'entoure. En rentrant il entend la conversation de ses amis. Jasper raconte un peu de la vie de Théo qui souffre au rappel de ces événements. Le propos concernant la juxtaposition du hasard et de la foi est intéressant.

Les quatre amis sont réveillés par l'alarme (53 mn 30). Les « poissons » arrivent. Théo, Kee et Miriam sont obligés de fuir. Jasper donne les instructions nécessaires pour retrouver Syd qui les fera entrer dans le camp de Bexhill. Jasper administre le Quietus à Janice et au chien. Il attend les rebelles. Il y perdra la vie sous le regard désemparé de Théo qui observe la scène.

Théo, Kee et Miriam sont arrivés au rendez-vous fixé avec Syd : une école abandonnée (58 mn 14). Le lieu est d'autant plus douloureux pour Miriam qu'elle était sage femme. Elle raconte la fin de la fertilité humaine et le découragement. Mais l'espoir est en Kee.

Syd est arrivé (61 mn) L'échange est brutal. Dans la voiture qui les mène à Bexhille, Syd parle de lui à la troisième personne. Peut-être n'est-il plus lui-même. Peut-être ne peut-il pas se voir dans l'enveloppe de cet homme violent, malhonnête, et mauvais, dira plus tard Marichka.

Théo, Miriam et Kee entrent dans le car (64 mn) qui doit les amener à l'intérieur du camp. Théo est perplexe, il apprend que Miriam n'a jamais eu de contact avec « Renouveau Planétaire ». Kee a des contractions. Elle perd les eaux.

Le car se rapproche de l'arrivée (66 mn), mais il est arrêté. Un soldat sélectionne deux personnes dont Kee. Miriam se sacrifie. Les images sont violentes, à l'intérieur du véhicule, comme à l'extérieur. Le car repart. Théo et Kee passent les grilles.

Théo et Kee arrivent dans le camp. Un mot est tagué sur les murs : « the uprising », le soulèvement. Ils **trouvent Marichka** (69 mn). Elle les mène dans un appartement délabré. Kee accouche avec l'aide de Théo. Une petite fille nait.

Théo et Kee sont réveillés par l'arrivée de Syd et de Marichka (73 mn). Ils apprennent que les « poissons » sont entrés dans le camp. Le camp est maintenant en révolte, et le gouvernement a décidé de le bombarder.

Syd et Marichka découvrent le bébé (74 mn 54). C'est alors que Marichka, qui acceptait d'être l'intermédiaire de Syd sans poser de questions, va décider d'aider Kee et Théo. Syd n'a pas l'intention de les sortir de cette situation, mais de tirer bénéfice de l'affaire. Il frappe Marichka.

Théo et Kee aidés de Marichka arrivent à fuir (76 mn 06) Marichka veut bien leur trouver une barque. Partout des manifestants armés se révoltent. En attendant, elle les met à l'abri auprès de réfugiés russes qui vivent dans une relative tranquillité. Détail intéressant, l'abri en question se trouve dans une ancienne banque.

Théo et Kee doivent rejoindre un bateau (80 mn). Le parcours est risqué. Ils passent devant une femme pleurant son fils mort. C'est l'image vivante de La Piéta. Ils sont rattrapés par les « poissons » qui enlèvent Kee. L'exécution de Marichka, de Théo et de leur accompagnateur russe est programmée, mais l'armée intervient, Marichka et Théo sont saufs.
Détail intéressant : Un troupeau de moutons passe devant l'ancienne banque au moment de la sortie du bâtiment.

Théo suit les « poissons » pour retrouver Kee (82 mn 38). Images horribles. Il la rejoint et finit par l'arracher des mains de Luke. Les mots de Luke sont intéressants : « Julian avait tort. Elle disait que ce serait pacifique. Comment ça peut être pacifique quand on t'enlève ta dignité ». Mais n'est-ce pas, lui, Luke, qui en a fait quelque chose de guerrier. L'enfant continue de pleurer

Moment de Grâce (88 mn) qui ne durera guère ! Les réfugiés ont entendu l'enfant. Ils tendent les mains vers ce petit corps vagissant. Théo et Kee descendent l'escalier. Les soldats arrêtent de tirer. Certains s'agenouillent ou se signent. Mais le feu reprend de plus belle.

Théo et Kee retrouvent Marichka (90 mn 47). Elle les mène vers une barque. Ils passent dans un souterrain sordide décoré d'empreintes de mains. Elle parle au bébé avant de le tendre à Théo, et refuse de les accompagner.

La barque attend en mer près de la balise (93 mn). Des avions passent au-dessus d'eux. Le camp de Bexhill est bombardé. Kee remarque du sang dans l'embarcation et s'affole. C'est celui de Théo. L'enfant pleure, et Théo retrouve ses gestes de père. Kee a trouvé un prénom pour sa fille. Il sera celui de l'enfant décédé de Théo. Théo s'effondre. Le bateau arrive.

À remarquer :

La présence des animaux est à remarquer dans le film. Ce sont les chiens de Nigel, le chien de Jasper, le ballon en forme de cochon, le zèbre et le dromadaire, animaux sauvegardés par la femme de Nigel, le chien perdu recherché par une femme au champ de courses, la biche dans l'école abandonnée, la statue de dinosaure dans la même école, les vaches dans l'étable où Kee révèle sa grossesse à Théo, les chiens de la ferme qui accueillent favorablement Théo, le chaton qui veut jouer, le chien de Marichka, le chat des réfugiés russes, les moutons et les poules dans le camp de réfugiés de Bexhill.

Dans l'école abandonnée une biche passe, l'animal sauvage reprend la place prise par l'homme. À l'extérieur de l'école, une statue de dinosaure pourrait représenter un retour aux origines, à un temps où l'homme n'existait pas encore.

L'allusion à « La ferme des animaux » d'Orwell est claire. Les cochons dominateurs sont symbolisés par le ballon que l'on peut voir au ministère. Dans le camp de Bexhill, des animaux de ferme en liberté apparaissent régulièrement au milieu des réfugiés, réfugiés d'abord enfermés dans des cages, parqués dans des camps ensuite. Pour les dirigeants (les cochons) les réfugiés sont des animaux. Quand ils se révoltent, ils sont exterminés par l'armée (les chiens aux ordres des cochons dans « La ferme des animaux » d'Orwell).

COMPRENDRE

Un film, un livre, une pièce de théâtre, une conversation, même seulement entendue au passage, une rencontre, même quand elle est brève, un papillon qui passe, un bourgeon sur un arbre, un oiseau qui se pose, tout peut nous permettre d'apprendre. Il s'agit d'ouvrir les yeux et de voir avec l'œil intérieur.

Ce chapitre a pour but de récapituler quelques éléments qui pourraient nous permettre de progresser dans notre recherche de nous-mêmes.

Évidemment, nous ne pouvons pas tout voir, ni tout expliquer, mais essayons de voir l'essentiel.

Il ne suffira pas seulement de repérer ce qui est important. Il ne suffira pas seulement de lire les messages, mais de les faire nôtres.

Cherchons en nous ce qui nous rapproche des personnages. Voyons où et quand leurs erreurs sont souvent les nôtres. Ne nous cachons pas que les situations présentées se rapprochent parfois de celles que nous avons vécues ou que nous vivons.

Soyons clairs avec nous-mêmes, sans condamnation ni indulgence, sans jugement.

C'est ainsi que nous progresserons. C'est ainsi que notre vécu deviendra expérience.

Il ne s'agit pas de considérer la projection d'un film, la lecture d'un livre, comme une expérience en tant que telle, mais de comprendre comment elle peut éclairer les actes incompris (totalement ou partiellement) de notre existence.

Rappelons-nous que notre cerveau ne classe, dans le tiroir « expérience acquise » que ce qui est vraiment intégré.

Les références à la religion, les symboles.

Les symboles et les références religieuses sont partout. Nous en citerons quelques-uns.

Les fils de l'homme – Le titre, d'abord, nous ramène aux psaumes. 90:3 - Tu fais rentrer les hommes dans la poussière, et tu dis : Fils de l'homme, retournez !

Théo – Le prénom du héros. Théo est un prénom dérivé du prénom grec Théodôros signifiant Dieu.

Le groupe des « Poissons » - Le poisson est le signe de reconnaissance des chrétiens.

La repentance – Lorsque Théo va retrouver son cousin, il croise des groupes invoquant la punition divine.

Kee dévoile sa grossesse à Théo dans une étable – Dans le film, ce n'est pas l'enfant qui naît dans une étable, mais Théo qui va naître à lui-même. Le mot **miracle** revient souvent.

Théo et Kee sont souvent rapprochés de Marie et Joseph, bien que le prénom Marie soit plus proche de Miriam, Miriam, la sage-femme dans le film.
Kee plaisante même en assurant à Théo qu'elle est vierge. Un petit signe, peut-être, pour nous rappeler que, le mot virginité a plus d'un sens, et, que l'on y croit ou pas, la virginité de Marie a moins d'importance que le message du prophète.

Réaction des réfugiés et des soldats - Lorsque Kee, l'enfant et Théo sortent du bâtiment attaqué dans le camp de Bexhill, le temps semble s'arrêter. Les réfugiés tentent de toucher le bébé, les soldats s'agenouillent et se signent.

La piéta est présente dans une scène, dans le camp de Bexhill, ou une mère pleure la mort de son fils, comme Marie pleure la mort de Jésus, ou comme toutes les mères du monde pleurent leurs fils tombés à la guerre, morts pour rien, morts pour qu'une minorité garde ou obtienne le pouvoir politique ou financier.

Le défilé des musulmans – Dans le camp de Bexhill toujours, des musulmans révoltés défilent au cri d'« Allah akbar ».

La plus jeune personne de la terre est une vedette, comme on célèbre aujourd'hui la personne la plus âgée. Son assassinat résonne comme la destruction d'un symbole, celui de l'époque de la fertilité. Le meurtre rappelle à tous la triste réalité. « Bébé Diego » était aussi le symbole de la fin programmée.

Le film commence par la nouvelle de la mort du jeune homme. Ce n'est pas anodin. La fin programmée va disparaître. Théo, qui échappe de peu à une bombe, va en être le principal témoin, et sera le protecteur d'une vie qui commence.

De même, **l'enfant de Kee devient un symbole**, celui de la fertilité retrouvée, celui d'un nouveau monde possible. **Il devient le sauveur**. Ce statut l'expose à tous les appétits de pouvoir. La fuite peut rappeler celle de Marie, Joseph et Jésus pour échapper aux assassins d'Hérode. Même si, ici, l'intention première n'est pas de tuer physiquement, à terme, le résultat est le même.

Le bateau de « Renouveau Planétaire » et l'organisation elle-même sont les symboles de l'engagement pour le bien commun. Le bateau va d'un pays à l'autre. La mer relie tous les continents. Ici, pas d'appartenance à un pays, une religion, une communauté. Le nom du bateau « Tomorrow » (demain) est le symbole de l'avenir possible.

L'homme dominateur

La mutilation des vaches que Kee fait remarquer à Théo dans l'étable peut paraître un détail dans cette histoire. Pourtant, c'est une façon de nous faire remarquer l'attitude néfaste de l'homme qui cherche toujours à faire plier la nature au lieu de s'adapter à elle. L'homme s'obstine à vouloir tout contrôler, il veut le pouvoir sur tout, jusqu'à la destruction.

Comparaison de l'environnement du film avec celui de notre société.

La diffusion des actualités par les journaux et la télévision dans certains passages du film, nous informent de ce qui se passe dans le monde en 2027, de ce qui s'est produit. Le film reflète aussi les dérives de notre société.

Il montre la destruction par les accidents climatiques, les accidents nucléaires, la sécheresse d'un côté, et les inondations de l'autre, les intoxications, les épidémies aussi, dont une a tué le fils de Théo, le terrorisme meurtrier. Mais on y voit aussi les révoltes citoyennes et la réponse donnée par les autorités : les chars et l'armée. Les migrations qui suivent tous ces événements vers le seul pays qui tient bon, la Grande Bretagne, sont encadrées militairement. Le pays ferme ses frontières, et les malheureux qui arrivent tout de même à passer, sont enfermés dans des cages. Puis vient le principal thème du film : l'infertilité humaine.

Aujourd'hui, les accidents nucléaires, ceux que l'on déclare, ceux qu'on minimise et ceux qu'on veut ignorer, les maladies professionnelles que contractent les ouvriers non informés, les catastrophes climatiques ouvrant la porte à des pollutions encore plus dangereuses (Fukushima), sont de plus en plus nombreuses. On détruit les sols sous prétexte de rendement. On affame les peuples, et on pousse les individus au suicide par désespoir.

Nous n'avons pas encore de Quietus. Le Quietus, est, dans le film, distribué facilement. On en fait la publicité. Jasper le constate. Il fait aussi remarquer que le gouvernement fait mettre des antidépresseurs dans les rations alimentaires, mais qu'on interdit la Gandja. De nos jours, les médicaments qu'on nous prescrit nous empoisonnent. Ils guérissent d'un côté, mais provoquent d'autres dérèglements, au grand bénéfice de l'industrie pharmaceutique qui invente même des maladies.
Dans le livre, le Quietus n'est pas un kit de suicide. Il s'agit d'une cérémonie pendant laquelle les personnes âgées ou handicapées se suicident par noyade car ils ne sont plus utiles à la société. Nous n'en sommes pas encore là, mais, en janvier 2013, les déclarations du ministre japonais des Finances, Taro Aso, concernant les personnes âgées, ont de quoi laisser perplexe.

En France, en 2012, on a procédé à 36822 expulsions.

Dans plusieurs pays européens, en 2012 également, les révoltes et les manifestations ont été nombreuses. Elles ont été réprimées avec violence.

Le terrorisme prospère….et les marchands d'armes aussi !

Quant à la stérilité, nous constatons depuis quelques années une baisse de la fertilité masculine. Dans le film, elle est celle des femmes, comme, peut-être, un refus inconscient de mettre au monde des enfants qu'elles perdront au combat, ou victimes de maladies ou de famines (Le film ne donne pas les causes de l'infertilité).

Le salut par une réfugiée africaine

Dans ce monde où plus aucune femme n'a enfanté depuis 18 ans, le salut vient d'une réfugiée africaine.
Nous revenons ainsi aux sources même de l'existence de l'homme sur terre, l'Afrique. Le fait que Kee soit une immigrée est important. Elle vient donc de la classe rejetée par le gouvernement, mise en cage et refoulée.

C'est une façon de nous rappeler la grande arrogance de l'homme, une arrogance qui peut le mener à sa perte.

L'humanité est proche de son extinction, mais la lutte pour le pouvoir continue de plus belle. « Le monde est dévasté, seul le Royaume Uni tient bon », c'est le message qui est transmis aux Britanniques comme une propagande. Le pouvoir simule l'intérêt porté aux survivants immigrés (dans le camp de Bexhill, écoutez le message répété dans les haut-parleurs : La Grande Bretagne subvient à vos besoins). Au lieu de faire front ensemble, chacun se réfugie dans la peur de l'autre.

Comment le pouvoir pourrait-il accepter la grossesse tant attendue chez une réfugiée ? La récupération est inévitable.

Renaissance de l'humanité

La naissance de l'enfant de Kee est un immense espoir puisque l'humanité retrouve la fertilité, mais elle est aussi un espoir de renouveau, car si l'infertilité a accéléré le chaos (voir les propos de Miriam dans l'école abandonnée), elle n'en est pas la cause. C'est ce que Théo dira à Jasper.

La soif de pouvoir et la cupidité sont en chaque humain. Mais quand il ne voit plus le danger qu'elles comportent, quand il en fait des qualités nécessaires pour exister, parce qu'exister est, pour lui, être riche ou détenir un pouvoir quelconque, le respect de la nature, des autres et de la vie l'indiffère, tant qu'il n'est pas touché personnellement (c'est Patric qui tue sans états d'âme, mais qui ne pardonne pas à Théo la mort de son cousin). Cela est valable pour l'inconnu ou la vedette, le riche ou le pauvre. C'est ainsi que nous assistons aujourd'hui à des manipulations odieuses de peuples entiers, que nous savons ou apprenons que la nourriture, les médicaments ou les produits d'entretien et d'hygiène contiennent des poisons, qu'on vaccine nos enfants tout en sachant que les produits injectés peuvent les détruire, que les guerres sont programmées, qu'on affame les populations, pour le plus grand profit d'une minorité. Et le peuple manipulé continue à dire oui.

Il suffit alors, au moins dans un certain domaine, que la nature dise stop (ici l'absence de naissances), pour que l'insurrection commence, mais il est parfois bien tard.

Il est bien tard parce que ceux qui détiennent le pouvoir ont anticipé l'insurrection, ils ont pris soin de monter les uns contre les autres, ont armé les uns, puis les autres, ont propagé les arguments de fausses culpabilités, ont désigné les futurs boucs émissaires. Le chaos peut régner, la minorité des puissants vivra dans des îlots de confort, en offrant à ceux qui restent la « sécurité » et la « protection » d'un état policier.

Le renouveau est pourtant possible si l'homme apprend de ses erreurs. Il doit comprendre qu'il a plus de possibilités que les autres espèces, mais que tout pouvoir engendre une responsabilité. Il doit comprendre qu'il ne pourra jamais empêcher une minorité de tenter de prendre le pouvoir afin d'exploiter les autres. Le pouvoir et la responsabilité de chacun d'entre nous résident dans sa capacité à dire non.

Théo, Julian, le deuil de l'enfant

Jasper explique à Miriam et à Kee comment Théo était militant. Il se battait avec foi pour changer le monde. Il a perdu cette foi en même temps qu'il perdait son fils.

Théo est devenu cet être indifférent, apathique, soumis, peureux, maladroit. Il fume et boit beaucoup. Les autres l'indiffèrent ou l'agacent. Il considère que le monde était mort avant même que l'humanité perde sa fécondité, justifiant ainsi l'inutilité de tout combat. Théo n'est que l'ombre de lui-même. Il continue à vivre pour faire vivre sa douleur. Dans son travail de deuil, il est bloqué au niveau de la victimisation[1].

---

[1] Voir v pour Vendetta Vi Veri Veniversum Vivus Vici

Il fait remarquer la rapidité de sa rémission à Julian, qui, bien évidemment, s'insurge. C'est sans doute une réflexion qu'elle a entendue souvent. C'est ce qu'entendent toutes les personnes, qui, ayant vécu un deuil, continuent à lutter au lieu de s'apitoyer sur eux-mêmes. L'expression « s'apitoyer sur eux-mêmes » n'est pas employée, ici, de manière péjorative. C'est simplement le constat d'une réalité, compréhensible certes, mais une réalité quand même.

Sa réponse : *tu crois que je suis remise, personne ne se remet de ça*, est encore dans la générosité. Elle se repositionne dans l'ensemble des personnes qui connaissent cette horreur. Même elle, qui est forte et combative, ne le pourrait pas.

Tout est ici, encore, une question d'apparence. Celui qui pleure et déprime a l'impression qu'il aimait davantage le (ou la) disparu(e). C'est aussi l'impression qu'il donne aux autres. C'est pourtant tout le contraire. Il pleure sur lui-même, et il impose sa douleur aux autres, même quand il s'enferme. Il se fuit en refusant le combat intérieur, et voit le fuyard en celui qui s'engage (C'est d'ailleurs ce qui se passe dans le film). Il vit dans une prison dont il pose lui-même les barreaux, ou, comme l'exprime Julian, un boulet au bout d'une chaîne (*le deuil pour toi c'est comme un boulet au bout d'une chaîne* 23mn04). Il croit se protéger, mais il se détruit. L'aspect « égoïste » de cette attitude apparaît dans la réponse de Théo à cette phrase de Julian justement. Il dira *« Tu crois savoir ce que c'est pour moi, tu t'en fiches »*.

Celui qui aime vraiment, souffre aussi, bien entendu, mais il s'assume et garde sa dignité. Il reste lui-même, il reste celui (ou celle) que le (ou la) disparu(e) a connu, que les autres ont connu. C'est sa douleur, il ne l'impose pas aux autres. Il pense à tous ceux qui souffrent les mêmes tourments. Il s'engage ou continue les luttes qu'il menait auparavant. Le véritable amour libère. Julian n'est pas passé à autre chose comme le lui reproche Théo dans la même scène. Elle vit avec, comme on vit avec une cicatrice cachée toujours prête à saigner.

La rémission de Théo

Julian connaît la droiture morale de Théo. Elle lui fait confiance. Elle sait aussi que la foi et la générosité qui l'animaient autrefois ne sont qu'endormies, que l'ego a pris le dessus, mais qu'une étincelle peut rallumer le feu.

Et voilà que l'on découvre la grossesse d'une réfugiée.

Julian connaît ses frères humains et leur goût du pouvoir. Elle ne demande que des papiers à Théo, mais elle a déjà prévu qu'il conduira Kee jusqu'au bateau en cas de problème, et qu'il sera le seul à le faire.

En faisant confiance à Théo, elle permet à l'enfant qui va naître, de rester libre, mais elle aide aussi Théo.

Il réapprendra la confiance, la capacité à s'engager, la foi en un avenir meilleur, en retrouvant, en lui, l'homme qu'il était avant. Puis il se dépassera, prenant tous les risques, pour l'enfant et sa mère, pour ses amis et sa femme maintenant assassinés, mais aussi pour une humanité sur le point de disparaître mais s'acharnant à se déchirer.

Théo laisse la graine de l'espoir germer et grandir. Il ne regarde alors que le but à atteindre, c'est-à-dire la protection et la liberté de cette femme et de son enfant.

Il agit comme tous les gens qui ont trouvé leur voie.

Un point lumineux est apparu au bout d'un chemin. Ce chemin devient le sien, le point lumineux un guide. Il croise des gens qui l'aident, puis qui disparaissent. Il offre son appui à d'autres. Il doit déjouer les trahisons. Parfois il faut fuir, parfois combattre, mais toujours sans jugement, seul, et sans armes.

Pour cela, il faut une bonne dose d'amour véritable, et donc, d'humilité. L'être le plus terrible est aussi un humain. En chacun de nous sommeillent la trahison et la fidélité, l'attention et l'indifférence, la cupidité et le détachement, etc.

L'espoir

« L'espoir, c'est le fait d'espérer, c'est <u>attendre</u> avec confiance la réalisation dans l'avenir de quelque chose de favorable, généralement précis ou déterminé, que l'on souhaite, que l'on désire ».
C'est aussi « le sentiment qui incline l'homme, l'individu à espérer » (Définitions CNRTL).

Le film peut paraître très sombre. Pourtant, la somme de calamités que subit le monde et dont l'homme est responsable, ne détruit pas totalement l'espoir. L'espoir peut être un grand feu ou une veilleuse minuscule. Il ne disparaît jamais vraiment. Il sommeille ou il se cache, car l'espoir, tout comme la peur, naît avec l'homme et meurt avec lui. Théo et ses concitoyens croient avoir sombré dans le désespoir, pourtant le Quietus est disponible sans que tous en fassent usage.

Les proverbes sur l'espoir sont nombreux et, selon les opinions, souvent contradictoires. On peut voir l'espoir comme un moteur, mais on peut aussi penser qu'il engendre l'apathie.

L'espoir n'est ni bon, ni mauvais, ni utile, ni inutile. Il est en nous. La bonne question est : qu'est ce que j'en fais ? J'étouffe le feu, ou j'entretiens la flamme ?

Le mot attendre incline à la passivité. C'est notre attitude quand nous nous sentons victimes ou coupables. Nous n'avons ni confiance en nous, ni confiance en l'autre. Nous comptons sur quelque chose de providentiel qui fera tout pour nous. Quand apparaît un petit quelque chose qui pourrait sauver la situation, soit nous ne le voyons pas parce que nous sommes trop centrés sur nous-mêmes, soit nous le voyons (c'est un premier pas), mais nous laissons faire (c'est la première attitude de Théo, qui entend pourtant les conversations des « poissons », et qui ne veut pas comprendre que, d'un côté comme de l'autre, l'intention est, ou sera, la récupération politique de la grossesse de Kee).

L'espoir devient un moteur, quand notre regard est porté sur l'extérieur, sur les autres et le monde. Nous attendons aussi, parfois, que quelque chose se passe, mais nous agissons pour cela. Quand une petite étincelle se produit, nous saisissons l'opportunité qui apparaît. Nous nous donnons les moyens de transformer la chance qui passe, en réussite. Bien qu'il ne soit pas garanti, bien qu'il ait besoin souvent d'un petit coup de pouce extérieur, le succès relève de notre responsabilité.

C'est l'histoire du prêtre et des sables mouvants que vous connaissez certainement[2].

Ici aussi, **l'apparence peut être trompeuse.**

L'espérance passive semble découler d'une confiance absolue, alors qu'elle relève de l'aveuglement. Le sujet croit qu'il a lâché prise, alors qu'il est entré dans une sorte de fatalisme masqué.

L'espérance active semble découler de la seule confiance en soi-même. Là encore, des nuances sont possibles.

L'espérance active devient constructive quand le sujet est attentif dans l'action, attentif aux autres, à la vie, au monde (le mot attentif doit être entendu ici au sens spirituel. Il faut donc lui donner une connotation de réceptivité). C'est Julian qui travaille dans l'intérêt général. C'est Théo, Miriam, Jasper et Marichka dans leur engagement auprès de Kee.

Nous avons un autre exemple avec le personnage de Nigel. Quand Théo lui demande comment il arrive à continuer son travail de collecte d'œuvres d'art alors qu'il sait que la fin arrive, il lui répond qu'il suffit de ne pas y penser. Cela ressemble à de l'aveuglement. Et cela en est peut-être. Cependant, ces paroles, et la conversation qui les précède, prouvent que, même s'il ne vit pas le chaos dans sa chair, il en a une vue claire. Même si la tâche paraît inutile, il admet la possibilité d'un changement. Si le miracle devait se produire, la profondeur de l'âme humaine

---

[2] Histoire du prêtre et des sables mouvants : annexe page 77

qui s'exprime dans l'art, serait préservée et offerte aux générations futures. D'ailleurs il vit dans l'arche des arts. Sa femme travaille à la préservation des animaux. Nous ne sommes pas loin de Noé.

L'espérance active est négative quand le sujet est centré sur lui-même. C'est Luke qui ne voit que l'intérêt de son groupe politique, c'est Syd qui espère améliorer sa vie personnelle en livrant les fugitifs, alors que l'enjeu est planétaire.

L'espoir et la peur

Nous l'avons dit, l'espoir et la peur, naissent avec l'homme et meurent avec lui. Pour vivre de façon la plus harmonieuse possible, l'homme doit établir un équilibre entre la peur et l'espoir. L'espoir peut devenir fragile, mais un signe positif peut lui redonner sa vigueur. La peur peut nous protéger, mais elle peut aussi nous détruire selon son intensité.

Chaque fois que nous avons peur de quelque chose, naît l'espoir que ce quelque chose ne se produira pas. La peur trouve un équilibre grâce à l'espoir. De même, si nous espérons, par exemple, un grand bonheur, l'attente se teintera de la peur qu'il n'arrive pas. Quand nous souhaitons nous investir dans un projet, nous espérons réussir, et nous avons peur, en même temps, que cela ne marche pas. L'espoir nous fait avancer, et la peur nous retient pour éviter les erreurs dues à un excès d'optimisme.

L'intensité de chacun de ces sentiments doit toujours être en mouvement, l'un prenant l'avantage, pour le céder ensuite. Quand l'espoir n'est pas tempéré par la peur, nous pouvons nous lancer dans des actions inconsidérées. Quand la peur n'est pas tempérée par l'espoir nous n'entreprenons jamais rien. Quand l'espoir et la peur sont au même niveau, c'est l'indécision.

Les armes du pouvoir : le désespoir et la peur

J'ai déjà évoqué la peur, comme méthode pour gouverner, dans d'autres ouvrages. Les méthodes sont simples. Les informations partielles, les images chocs, les témoignages choisis passés en boucles nous inondent. L'horreur est là, évidemment, mais sa sur médiatisation encre la peur dans nos inconscients troublés.
- Il suffit qu'une bombe soit posée, et des commanditaires seront désignés, des slogans assassins propagés. On fera circuler des hommes en armes pour nous « protéger », et toute la population se sentira menacée.
- Il suffit de transformer quelques cas de maladies en épidémie, et un vaccin sera proposé que beaucoup accepteront.
- Il suffit d'un seul incident derrière les murs de la ville, montré, analysé et détourné, pour faire croire que toute la banlieue est un coupe-gorge infâme.
- Il suffit de quelques accidents dont ont été victimes des personnes qui se sont soignées avec des plantes, sans prendre de précautions, pour voter des lois condamnant à la fermeture, des petits laboratoires spécialisés dans la phytothérapie, tout en laissant la population s'empoisonner avec des médicaments dont la toxicité n'est jamais reconnue ou reconnue trop tard. L'empoisonnement est autorisé s'il rapporte à l'industrie pharmaceutique. L'usage des plantes est présenté comme un problème de santé publique, puisqu'il a été nécessaire de légiférer.

Cet usage n'est pas sans danger, c'est vrai, mais il demande seulement un minimum de prudence comme toute thérapie.

- Il suffit de donner les chiffres de chômage pour que les travailleurs acceptent des conditions moins favorables. La suggestion, subtile ou non, de la file d'attente des personnes sans emploi, détourne toute revendication.

- Il suffit de montrer la misère pour que chacun se contente de ce qu'il a. Certes, beaucoup d'entre nous n'ont pas à se plaindre, mais il n'y a pas de petits combats, surtout quand il s'agit de dignité.

- Il suffit de la médiatisation d'un fait divers pour qu'une loi soit votée, et la population sera en droit de se demander si ces faits sont quotidiens.

De nombreux autres exemples pourraient être donnés. La peur distille lentement son poison, nous isolant, nous enfermant, grâce à un outil formidable détourné aux fins de propagande : la télévision.

Quand ces stratagèmes sont dénoncés, la théorie du complot est tout de suite avancée, et même si le doute est semé, cela ne gêne pas les puissants. La découverte des arnaques est à son tour manipulée, et alimente d'autres peurs et la perte de confiance.

Si ces peurs cumulées rendent docile, elles affaiblissent aussi la petite flamme de l'espoir, rendant encore plus passif. Comme nous l'avons vu tout à l'heure, l'équilibre est rompu.

Pourtant, agir sur la peur ne paraît pas toujours suffisant à ceux qui voudraient nous asservir. Si l'espoir s'amenuise, il demeure prêt à jaillir, et c'est dans le chaos que se lèvent les oppositions les plus efficaces.

À la peur, consciente ou inconsciente, déjà ressentie, la manipulation ajoutera la touche de désespoir nécessaire à la soumission complète. La médiatisation à outrance des guerres, des accidents, des crimes, mine notre confiance en la nature humaine. Depuis toujours, l'homme se pose la même question : l'homme est-il naturellement bon. Nous aimerions répondre par l'affirmative, au moins par intérêt, puisque la question est posée pour notre propre condition. Les informations déversées quotidiennement nous laissent penser le contraire. Nous finissons par admettre, comme une évidence, l'inexistence des actes généreux et honnêtes. Mais tout simplement, on ne nous les montre pas. Notre isolement programmé nous en éloigne davantage encore. Puisqu'il est donc inutile d'espérer quelque chose de positif de l'homme, la méfiance, donc la peur des autres, nous en sépare, et nous coupe aussi de nous-mêmes, de notre capacité à donner le meilleur. C'est en nous conformant à l'égocentrisme ambiant que nous faisons disparaître l'héroïsme ordinaire, un héroïsme ordinaire ridiculisé quand il apparaît spontanément, et remplacé par la mise en avant des stars au service de l'argent. La population compte bien moins de purs égoïstes que nous le supposons, mais beaucoup de gens restent fermés aux autres. Chacun de nous a, en lui, une part d'égoïsme naturel qui est destinée à le protéger. C'est cette tendance naturelle qui est exploitée pour mieux nous diviser. C'est la solidarité qui pourrait renverser les puissants.

L'homme est-il bon ou méchant ? Je n'ai pas de réponse. Voici ce qu'en disait Honoré de Balzac : *« L'homme n'est ni bon ni méchant, il naît avec des instincts et des aptitudes »*.

À L'ÉCOUTE DES AUTRES

Chacun de nous est, un jour ou l'autre, confronté au problème de devoir aider quelqu'un (ami, collègue, voisin, simple connaissance). Certains d'entre nous font partie d'associations et apportent leur soutien aux autres quotidiennement.

Après avoir conseillé la consultation d'un médecin ou d'un psychologue, vous pourrez vous rendre compte que cela convient, ou suffit, à certains, mais pas à d'autres. Ceux à qui cela ne convient pas ont surtout besoin d'écoute.

Cette rubrique a pour but de soulever certains problèmes que nous pouvons rencontrer dans nos relations à l'autre qu'elles soient amicales, ou professionnelles, bénévoles ou rémunérées. Les lignes qui suivent donnent des pistes que vous êtes libres de suivre ou pas. Ce ne sont que des pistes, vous devez faire confiance à votre intuition.

Vous vous retrouverez devant des cas identiques, mais aussi devant d'autres, ayant l'apparence de la similitude dans leurs effets, mais qui se révéleront profondément différents dans leurs causes. Le but étant de soigner les causes, les méthodes vont varier. Faites-vous confiance tout en ayant un œil sur votre ego. L'ego est comme un enfant capricieux qui cherche à avoir le dernier mot. Il vous soufflera que vous connaissez déjà ce cas, que ce sera facile, et quelques fois même, que vous êtes le meilleur. Parfois aussi, il vous dira que vous ne trouverez jamais, et que vous êtes nul. Vous devez bien entendu, ne pas oublier ce que vous connaissez, mais tout doit être bien rangé dans un tiroir entrouvert, prêt à être ressorti. Vous devez toujours considérer le cas que vous avez devant vous comme inédit. C'est ainsi que vous éviterez les erreurs d'appréciation. Vous devez savoir que vous ne savez rien, même si votre ego vous dit que vous savez tout.

Essayez de comprendre la personne que vous avez devant vous. Faites-le, pour elle, et à travers elle. Devenez empathique et vous trouverez ce qu'il faut dire, vous entendrez ce qui se cache derrière ses mots à elle, derrière ses silences, ses larmes et ses rires. Souvenez-vous que cette personne est un autre vous-même. Si elle éprouve des émotions, vous en éprouvez aussi, et si vous sentez les siennes, elle sent aussi les vôtres.
Si vous essayez de guérir, de soigner, alors ce sera l'échec ou la semi-réussite. Guérir ou soigner vient toujours en second. C'est le résultat de votre empathie. Chaque fois que vous voulez guérir ou soigner pour faire le bien, vous êtes dans l'ego, car nul ne sait où sont le bien et le mal.
Quand vous êtes dans la compassion (je n'ai pas dit la pitié), vous laissez l'autre choisir sa voie, vous l'aidez à ouvrir, chez elle, le passage qui lie le corps et l'esprit.
Profitez de ce travail pour progresser vous-même. Quand le patient est parti, demandez-vous ce qu'il vous a donné, ce qu'il vous a appris de vous-même, ce qu'il vous a permis de comprendre et peut-être même ce qu'il a guéri en vous. Quand le travail devient échange, il est doublement réussi.

Aider quelqu'un en deuil.

Chacun de nous est concerné par le deuil, soit que nous ayons à le subir, soit que nous côtoyions une personne en deuil (Les deux arrivent fatalement).

Il est difficile de donner des conseils tant les cas sont multiples.

Je vous épargnerai, chers lecteurs, toutes les définitions et les descriptions du processus de deuil. Vous pourrez trouver ces informations facilement si vous le souhaitez. Ne vous y attachez pas trop. On y parle beaucoup d'étapes. Le danger réside dans la tentation d'en faire une norme, ou un processus linéaire. Les sentiments et les comportements décrits sont réels, mais se chevauchent, s'opposent, disparaissent, sont rejetés ou ignorés, puis reviennent parfois au début, comme si aucun travail n'avait été fait, pour brûler les étapes ensuite, parce que, justement, ce travail a été fait.

Ce processus se déroule différemment selon les personnes. Chacun a un vécu, des croyances, un certain degré d'évolution spirituelle. Chacun avait un rapport particulier avec le défunt. Les circonstances du décès ont aussi une importance. Mais il y a quelque chose dont on parle moins : la confrontation avec le regard des autres. La personne en deuil doit affronter le monde extérieur, et ce monde extérieur n'est ni tendre, ni adroit, encore moins délicat.

Nous verrons donc plutôt ici la relation de la personne en deuil avec les autres. Nous ne parlerons pas des deuils pathologiques, qui ont besoin d'un suivi spécialisé, mais de ceux qui se passent

« normalement », car le travail de deuil est un processus naturel, long et douloureux, comme une cicatrisation de l'âme.

La pitié et la compassion

La personne en deuil n'a pas besoin de pitié mais de compassion On peut penser que c'est la même chose, mais il y a une nuance.

Dans la pitié ou la compassion, nous nous mettons à la place de l'autre, la différence apparaît ensuite.

Dans la pitié, se mettre à la place de l'autre, c'est être toujours soi, un soi sentant la douleur par procuration. La pitié est une souffrance indirecte sur soi-même. On s'imagine à la place de l'autre, et on ressent la souffrance que l'on éprouverait dans le même cas. Ou bien encore, on se rappelle ses propres souffrances dans une situation similaire. (« *Celui qui a pitié se souvient de lui-même* » Publius Syrus)
La pitié n'est pas un mauvais sentiment, elle est une première étape sur la voix de la compassion, mais l'ego met une barrière qui va nous arrêter à nous-mêmes.

Dans la compassion, nous faisons abstraction de nous-mêmes. Nous devenons l'autre, nous sentons SA souffrance, et pas celle que nous éprouverions dans la même situation. Ce ressenti ne fait appel ni à notre passé, ni à notre futur. Il se vit dans l'instant. Il nous pousse à agir pour aider la personne en souffrance, à l'accompagner utilement. La compassion exclut le questionnement du « quoi faire » ou « quoi dire », celui qui l'éprouve sait et fait ce dont l'autre a besoin naturellement.

C'est cette compassion, qui s'exprime dans le regard. Un regard plein de compassion met du baume au cœur, un regard plein de pitié déprime.

C'est la compassion qui nous permet aussi de trouver les mots qu'il faut prononcer au moment opportun, c'est-à-dire les mots qui guérissent les maux.

Quoi dire ?

Lorsqu'un deuil survient, il paraît normal de se demander quelle attitude adopter face à « ceux qui restent ». On entend souvent : « Je ne sais pas quoi lui dire ».

Pourquoi faudrait-il toujours dire quelque chose ? Rappelez-vous que la plupart de ceux qui croient savoir quoi dire, justement, soit, agacent, soit plongent les personnes endeuillées dans un mauvais questionnement, augmentant, par exemple, la culpabilité ou la victimisation, parfois même la détresse.

Mieux vaut se taire. Car une main qui prend la vôtre et la serre doucement est plus réconfortante qu'un long discours répondant aux lois des convenances.

Il ne s'agit pas d'un silence indifférent, il s'agit d'un silence attentif, qui laisse toute la place à notre faculté d'entendre, mais d'entendre au-delà des mots.

Isolement de la personne en deuil

Il est important, pour la personne en deuil, de reprendre une vie normale, même si au début s'y ajoute l'absence, difficile à vivre mais inéluctable, tel un vide palpable.

Petit à petit, cette absence se transformera en une autre présence, comme une autre relation avec le (ou la) disparu(e). Le patient passera d'une relation extérieure à une relation intérieure en donnant sa liberté au défunt[3]. Il abandonne sa vie d'avant, même si elle habite son souvenir. La blessure devient une cicatrice. On n'oublie pas, bien entendu, les moments de désarroi reviennent, mais on vit avec.

L'isolement est souvent utile parce qu'il peut permettre un retour sur soi formateur. Mais le processus de deuil est long et douloureux, et trop d'isolement n'est pas souhaitable. Il faut arriver à un équilibre et ce n'est pas facile.

L'isolement peut être choisi ou subi. Pour faciliter le propos nous verrons les deux cas de façon distincte. En réalité, il est rare que l'on tombe dans l'un ou l'autre cas. Chacun passe par l'un, et par l'autre.

Isolement subi

Après un deuil, certaines personnes se retrouvent seules. Selon les situations, beaucoup ont le soutien de leur famille, mais les amis disparaissent. On peut compter sur les malheurs pour nous aider à comprendre quels sont nos vrais amis, et, à ce niveau, les surprises sont fréquentes. Il arrive souvent que le soutien nous parvienne du côté le plus inattendu.

Parmi les « infidèles », on trouve bien sûr, des gens intéressés qui ne côtoient les autres que dans le bonheur et pour en tirer profit, d'autres encore qui ne vont pas s'embarrasser d'un pleureur ou d'une pleureuse. Mais beaucoup sont mal à l'aise,

---

[3] Voir le film *The Tree of Life*

n'osent pas vous regarder, ne savent quoi dire, évitent de vous croiser. Ils ne fuient pas la personne en deuil, ils se fuient eux-mêmes. Ce n'est « seulement » que de la lâcheté.

Si vous êtes amené à aider des personnes dans ce cas, tout votre travail va consister à les éloigner de la rancœur qu'elles éprouvent. La lâcheté, la cupidité et l'égocentrisme sont des sentiments bien humains, mais ils ne sont pas majoritaires. Il y a autant de lâches que de courageux, de généreux que de cupides. Dans le malheur, seuls les comportements négatifs des autres apparaissent, parce que ces comportements modifient le regard que les personnes en deuil portent sur elles-mêmes. Il sera temps, alors, de faire ressortir les attitudes positives, de remettre les attitudes négatives à leur place, puis de ramener ces personnes à leur deuil, c'est-à-dire à elles-mêmes, à leur ressenti, etc. Il ne s'agit pas de les plonger dans l'égoïsme, mais de les pousser à comprendre ce qui se passe en elles.

Isolement choisi

Les personnes qui ne croisent que de la pitié ou qui n'entendent que des paroles convenues ou désobligeantes, ont tendance à s'isoler.

Si vous souhaitez aider une personne en deuil quand elle a fait le choix de l'isolement, il est important de continuer à l'appeler, et de lui rendre visite. Cela ne doit pas devenir du harcèlement bien entendu, cela doit être seulement la manifestation d'une présence bienveillante. La conversation peut durer quelques minutes seulement, juste le temps de faire comprendre que vous êtes là. S'imposer, c'est l'éloigner davantage.

Proposer une sortie, par exemple, est une bonne chose, ne pas insister en cas de refus, aussi, continuer inlassablement à proposer une sortie sans insister, encore plus.

Rappelez-vous que la personne en deuil entend sans cesse des « il faut que tu … », et des « tu devrais… », de gens bien intentionnés qui leur veulent du « bien », qui voudraient la remettre en selle manu militari, qui pensent qu'il est grand temps pour elle de passer à autre chose, et qui ne comprennent pas que le temps du deuil varie d'une personne à l'autre. Ces gens-là prolongent parfois le processus de deuil, en empêchant le (ou la) malheureux(se), de se poser les bonnes questions, ces questions, dont les réponses sont en lui (ou elle), et nulle part ailleurs.

La personne en deuil peut éprouver beaucoup de rancœur contre tous ceux qui ont eu des paroles blessantes. Il y a souvent beaucoup plus de maladresse ou de bêtise que de méchanceté, et il faudrait, bien sûr, ne pas s'y attacher, mais c'est difficile. La rancœur s'installe parce que la personne en deuil n'est pas en état de répondre. Elle l'avale, la dirige contre les maladroits, et se referme sur elle-même.

Là aussi la généralisation est courante, l'isolement est l'attitude la plus facile à adopter pour la personne endeuillée qui ne veut plus prendre le risque de souffrir davantage.

Le procédé, pour vous, sera le même que précédemment : ramener aux attitudes positives, puis au ressenti intérieur.

Dans le premier cas, il faut que la personne en deuil accepte sa solitude, dans le deuxième, il lui faut digérer les mots. C'est une première étape pour un retour au monde. Le plus souvent, chacune connaît, et le silence, et l'indélicatesse.

Dans les deux cas il ne vous sera pas toujours facile de remettre les réflexions déplacées ou l'abandon, à sa juste place.

La personne en deuil et les autres

Le travail de deuil se caractérise par des avancées progressives, entrecoupées de petits et de grands reculs.
Nous ne parlerons pas de la totalité du processus de deuil. Nous nous arrêterons sur un aspect dont on parle beaucoup moins : le rapport des personnes en deuil avec les autres. Le monde extérieur n'est pas tendre avec elles.
Même si l'étude est partielle, les pistes données sont utiles pour l'ensemble du travail de deuil. La compréhension améliorée des relations délicates avec le monde extérieur, permet un meilleur retour sur soi-même, donc des avancées plus solides, et des reculs qui ne se transforment pas en chute.

D'abord, avoir un regard clair sur le monde extérieur

Les autres attendent de vous que vous vous conformiez à l'image que l'on se fait de la personne en deuil, tout en entretenant la contradiction. Voici quelques exemples :

- Si vous pleurez, soit vous sentirez la gêne, soit vous paraîtrez indécent (on ne pleure pas en public, surtout quand la personne en deuil est un homme. C'est Théo qui se cache pour pleurer). On vous fuit pour ne pas avoir à subir cela, ou parce qu'on ne sait trop quoi dire.

- Si vous ne pleurez pas, et si vous avez une attitude détachée, personne ne pensera que vous prenez sur vous pour ne pas imposer votre douleur aux autres (puisque le deuil déclenche la gêne !), on vous trouvera « anormal(e) », pour ne pas dire que vous vous fichez éperdument du (ou de la) disparu(e). Dans ce même cas, vous pouvez entendre que vous vous êtes vite remis(e) (voir réflexion de Théo à Julian).

- Si vous reprenez votre travail, vous les gênez encore plus. Les collègues se sentent obligés de ne pas parler, par exemple, de leur conjoint, si vous venez de perdre le vôtre. On n'ose pas vous adresser la parole, ni même vous regarder, et ces têtes baissées sur l'ouvrage vous blessent encore plus.

- Si vous travaillez beaucoup, et même si vous avez tout simplement gardé votre rythme de travail, ils ne penseront jamais que vous essayez de reprendre, tant bien que mal, le cours des choses. Non ! Vous fuyez pour ne pas penser.
Mais si vous ne parvenez pas à retrouver votre capacité de travail, il faut vous secouer, il faut tourner la page.

- Si vous ne vous confiez pas, on vous reprochera de ne pas exprimer votre souffrance. Mais dès que vous commencez à parler du (ou de la) disparu(e), on change de sujet de conversation.
Si vous êtes « écouté(e) » c'est parfois pire. Je passerai sur les réflexions plus que désobligeantes et plus que stupides, qu'il est donné à entendre. Elles laissent parfois sans voix. Certaines personnes tentent de vous aider avec des airs de bons samaritains, ou des mines de sacrifiés sur l'autel de l'« amitié », et vous vous apercevez alors que peu de gens savent ce que les mots « écouter » et « ami » signifient.

- Tout le monde vous comprend, ceux qui n'ont (encore) jamais été en deuil, et ceux qui connaissent cette situation. Pourtant chaque deuil est vécu de façon particulière.

- Au bout d'un certain temps, vous devez être « remis ». Si vous ne respectez pas les délais, vous serez assommé de conseils. On vous enverra illico chez un psy ou en boîte de nuit selon le cas.

Nous pourrions remplir des pages d'exemples avec toutes les nuances possibles et imaginables.

Ce sont des blessures à prendre en compte quand vous assistez les personnes en deuil, car aucune n'y échappe, et ne pas s'y attacher est plus facile à dire qu'à faire.

Retourner la situation

Il ne s'agit pas de justifier ces propos ou ces actes, mais de tenter de leur donner, avec tact, leur véritable importance. La tâche est ardue.

Certaines personnes en deuil racontent spontanément les indélicatesses de leurs relations, d'autres non. Ces indélicatesses occasionnent des souffrances, parfois profondes, surtout quand elles viennent de gens que les personnes en deuil considéraient comme proches.

Aidez-les à raconter, puis à exprimer ce qu'elles ont ressenti. Certaines tombent dans la victimisation, d'autres dans la culpabilité, d'autres encore se perçoivent subitement avec une mauvaise image d'elles-mêmes, d'autres tombent dans la douleur encore plus violente (par exemple quand elles ont la sensation que les propos tenus tendent à effacer le (ou la) disparu(e). Exprimer ce qu'elles ont ressenti est un bon moyen de revenir à leur deuil.

Il faut ensuite procéder par petites touches, car les paroles blessantes entendues peuvent faire supposer que les vôtres le seront aussi. Il y a parfois une perte de confiance évidente.

Voici quelques arguments que vous pouvez utiliser. Il y en a d'autres. Il n'y a pas d'ordre particulier. Tout dépendra de la conversation, du ressenti de chacun. Suivez votre intuition.

- La plupart des gens ne sont pas méchants mais maladroits (même si la méchanceté existe !). Ils se sentent obligés de dire quelque chose. Ils se donnent ainsi l'impression de pouvoir intervenir sur les événements. Car l'humain a du mal à accepter son impuissance. Il cherche toujours à tout contrôler. La mort lui échappe et il ne peut le supporter. Il cherche désespérément à prolonger la vie. Son silence lui fait peur parce qu'il le voit comme une inaction. <u>Le deuil n'a pas besoin d'action, mais de partage.</u>

- La personne en deuil ne se sent pas comprise. Mais elle ne peut pas l'être. Chaque deuil est vécu différemment. Beaucoup de gens pensent qu'ils peuvent comprendre parce qu'ils ont été en deuil, et c'est faux. Ils reproduisent les maladresses qu'ils ont subies.
De l'autre côté, la personne en deuil cherche à être comprise et ce n'est pas possible. Il s'agira de l'aider à admettre que la compréhension des autres ne peut être que partielle.
Parmi les gens qui disent comprendre la personne en deuil, certains le pensent réellement, mais d'autres savent bien qu'ils ne le

peuvent pas. Ils pensent rassurer le (ou la) souffrant(e), car ils savent aussi qu'il (ou elle) aimerait être compris(e).

- Il y a aussi beaucoup d'égoïsme chez certains, bien entendu. La souffrance des autres les gêne. Elle gêne leur bien-être. Ils veulent vivre pleinement leurs vies sans s'encombrer de la douleur des autres. C'est, chez beaucoup d'entre eux, une façon de fuir, fuir la mort ou la maladie. C'est surtout ne pas y penser, comme si ne pas voir les immunisait (il y a donc de la peur là dessous). C'est pour d'autres, une incompréhension totale qui touche à l'aveuglement (beaucoup plus rare). Pour eux c'est la vie. Il suffit de se prendre en charge. Il n'y a qu'à voir un psychologue. Il suffirait de se changer les idées. La douleur des autres les agace. Ils sont incapables de s'imaginer dans cette situation. Ils sont même incapables d'imaginer que cela puisse leur arriver.

- La vie en société est le plus souvent une comédie où chacun porte un masque. Certains en sont conscients, d'autres pas. Le fait de montrer un certain visage à certains, et un autre à d'autres, semble naturel à une minorité. La majorité se conforme à la règle en espérant se protéger. Les uns, appliquent les normes avec zèle pour mieux profiter du système, les autres souffrent dans leur coin. Le décès chamboule cet équilibre Le processus de deuil impose un retour sur soi. La personne en deuil doit affronter sa fragilité, une fragilité qu'elle dévoile forcément aux autres, et qu'elle perçoit dans leurs regards.

Même dans le deuil, il vous est demandé de vous conformer pour éliminer la légitimité de la fragilité, tout en restant dans l'image du deuil. Bref ! Vous devez porter le masque du deuil, tout en enlevant ce qui dérange le confort des autres. Pas facile !

- La reprise d'un travail s'avère parfois délicate. La fuite des collègues paraît parfois insupportable. La meilleure attitude n'est-elle pas dans la franchise ? Une discussion claire avec les collègues est souvent possible, une discussion dans laquelle la personne en deuil expliquera que les conversations ne doivent pas changer, que son deuil n'est pas le leur, qu'elle a besoin de leur amitié pour progresser, que leur gêne l'isole.

Il faudra alors insister aussi, sur le fait que le retour à la normale est difficile. Les personnes en deuil doivent l'accepter pleinement, une fois qu'elles l'ont demandé. En effet, dans les moments de souffrance où elles retombent dans la victimisation, certaines reprocheront ensuite cette normalité, la présentant comme de l'indifférence, ce qui est rarement le cas.

- La personne en deuil vit une épreuve difficile qui devient aussi une épreuve (évidemment bien différente) pour les personnes qui l'entourent. Certains fuient, certains affrontent correctement, d'autres essaient d'affronter mais sont maladroits. Une épreuve réveille toujours le pire et le meilleur en l'humain. Elle révèle la vraie nature de chacun, et nous met brutalement devant nos erreurs d'appréciation. Le deuil n'échappe pas à la règle. Mais il n'y a pas d'ombre sans lumière. De belles humanités se dévoilent aussi, moins nombreuses certes, et il faut être prêt à les accueillir.

CONCLUSION

Nous voici à la fin de notre étude. Il y aurait encore beaucoup de choses à dire.

Le film « Les fils de l'homme » est visuellement impressionnant. Il fourmille de détails ayant tous leur importance. Les messages y sont nombreux, et pour tout voir, il faudrait le visionner de nombreuses fois. L'intrigue est d'un réalisme tranchant, un réalisme qui ne devrait pas nous quitter, car ce monde-là est possible. L'idée du deuil y est toujours présente. Deuil de l'enfant de Théo et Julian, mais deuils des enfants dans les guerres absurdes, deuil de la fertilité humaine, deuil d'une époque, deuil pour Théo, de ses propres engagements, de sa vie sociale, etc.

Contrairement à ce qu'il paraît être, ce film est plein d'espoir. L'espoir est chevillé au corps de chaque humain. Quand il semble avoir disparu, il n'est qu'endormi. Le plus léger frémissement peut l'éveiller.

C'est pour cela que beaucoup continuent à dénoncer les dérives de notre société, même quand ils ne sont pas entendus, ou même quand ils sont ignorés. C'est pour cela que des initiatives locales germent partout, parce que leurs créateurs croient qu'il est encore temps. Il suffirait, peut-être, d'être un peu plus nombreux à alimenter la flamme, une flamme qu'une minorité de puissants rêvent d'éteindre. Apprenons à dire NON, avant qu'il ne soit trop tard, et à dire NON, ENSEMBLE, pour que naisse un monde meilleur.

Annexe 1

Histoire du prêtre et des sables mouvants :

C'est l'histoire d'un petit curé, qui se promenait pieds nus sur une plage dans la baie du Mont St Michel. Contemplant la mer de vagues, son regard visant l'infini, il priait la grandeur de Dieu. Mais ce faisant, il ne se rendait pas compte qu'il s'était pris les pieds dans les sables mouvants, au point qu'on ne voyait déjà plus ses chevilles.

C'est alors qu'un camion de pompiers passa à proximité, et l'un des secouristes de crier :

- Mon père ! Vous allez vous noyer ! Sortez des sables mouvants
Et le prêtre de répondre, confiant :
- Non non ! Ne vous inquiétez pas ! Je crois en Dieu, et Dieu me sauvera !
20 minutes passèrent. Continuant sa prière comme si de rien était, le prêtre s'enfonçait encore plus dans les sables, qui lui arrivaient maintenant jusqu'à la taille. C'est alors que revinrent les pompiers :
- Mon père ! Si vous ne sortez pas immédiatement vous allez y rester !
Et le prêtre de répondre, entêté :
- Tout va bien ! Dieu me sauvera, j'ai confiance en lui !
Les pompiers repartent, et le prêtre persiste à contempler l'horizon, le regard rempli de sérénité. 20 nouvelles minutes passèrent, et du saint homme, qui n'avait pas essayé de bouger d'un millimètre, on ne voyait plus que la tête, tout le reste de son corps étant enfoui sous les eaux sablonneuses !
C'est alors que les pompiers revinrent, en hélicoptère et en bateau cette fois :

- Nous allons vous tirer d'affaire mon père, mais il faut que vous mettiez les mains en l'air pour qu'on puisse vous attraper !
Et le prêtre de répondre, transfiguré :
- Non non ! Laissez-moi je vous dis ! J'ai une foi absolue dans le Seigneur, il me sauvera, j'en ai la profonde certitude !
Une minute plus tard, le prêtre disparut complètement sous les eaux, mort noyé.
Arrivé au paradis, le prêtre ne cachait pas sa colère. Il vit Dieu et lui dit :
- Bon Dieu, pourquoi m'as-tu laissé mourir, alors que j'avais pleinement confiance en toi !
Ce à quoi Dieu répondit :
- Imbécile ! Je t'ai envoyé les pompiers trois fois !

Annexe 2

Extrait de « Recueil de l'Être » - Aide à la personne en deuil dans le cas particulier du suicide.

Je souffre du suicide d'un proche

Je sens en toi, le poignard odieux de la souffrance.
Je sens saigner l'horrible étreinte de la culpabilité.
J'entends résonner en moi les mots qui t'écorchent quand ils arrivent à s'extraire de ce cœur qui ne peut plus s'épancher.
Je sens le vide qui devient gouffre et l'absence devenue entité.
Que pourrais-je te dire qui ne soit pas déjà prononcé ?

Je ne peux te dire que :

« Je suis là, avec toi, si proche et si loin à la fois.
Je suis là, près de toi, mais tu ne me vois pas
Je ne peux pas comprendre,
Mais j'essaye d'apprendre,
A accompagner ton pas.

Peut-on prévoir l'imprévisible
Peut-on voir ce qui n'est pas visible

Non ! L'absent a choisi ce que tu n'as pas voulu.
C'est l' « après » qui enseigne ce que l'on n'a pas vu.

Mais aujourd'hui tu dois me croire
Ta voix n'est que réquisitoire

D'un procureur mal intentionné
Qui ne vise qu'à te faire saigner.

Et pour soigner tes blessures
Enfile vite ton armure
Ton présent sera lendemain
Sans joie encore, mais plus serein
Offre aux autres, ton savoir-faire
C'est un cadeau que tu peux lui faire
Quand aux autres, tu sauras donner
C'est à tous, qu'il sera pardonné.

À lire - À voir

Voici quelques exemples seulement, la documentation est riche, les recherches sont aisées sur internet et en bibliothèque. Voici quelques pistes.

- Publication sur Human Reproduction de l'étude française sur la fertilité

- Liste des accidents nucléaires – répertoriés sur wikipedia

- Accident nucléaire de Fukushima

- Epidémie grippe H1N1 au Mexique 2009-2010

- Travaux sur les accidents climatiques brutaux et localisés

- Les vendeurs de maladies d'Emilio La Rosa

- La ferme des animaux et 1984 d'Orwell

Films

- Notre poison quotidien, Le monde selon Monsanto, Les moissons du futur de M. M. Robin

- Solutions locales pour un désordre global
  Coline Serreau

- Homo toxicus de Carole Poliquin

Table des matières

LA COLLECTION « De l'œil à l'Être » 9
INTRODUCTION 13
SYNOPSIS ET FICHE TECHNIQUE 17
    Synopsis : 17
    Fiche technique : 17
    Distribution : 18
    Box-office France : 19
    Sortie DVD : 19
    Récompenses 20
ENVIRONNEMENT 23
LES PERSONNAGES 25
    Premier aperçu 25
    Les personnages 25
LES SCÈNES 31
COMPRENDRE 43
    Les références à la religion, les symboles. 45
    L'homme dominateur 47
    Comparaison de l'environnement du film avec notre société. 47
    Le salut par une réfugiée africaine. 49
    Renaissance de l'humanité 50
    Théo, Julian, le deuil de l'enfant 51
    La rémission de Théo 53
    L'espoir 54
    L'espoir et la peur 57
    Les armes du pouvoir : le désespoir et la peur 58
À L'ÉCOUTE DES AUTRES 61
    Aider quelqu'un en deuil. 63
CONCLUSION 75
ANNEXE 1 Histoire du prêtre dans les sables mouvants 77
ANNEXE 2 Je souffre du suicide d'un proche – Recueil de l'Être 79
À LIRE – À VOIR 81